AF268333

La Pénétration

de la Côte d'Ivoire

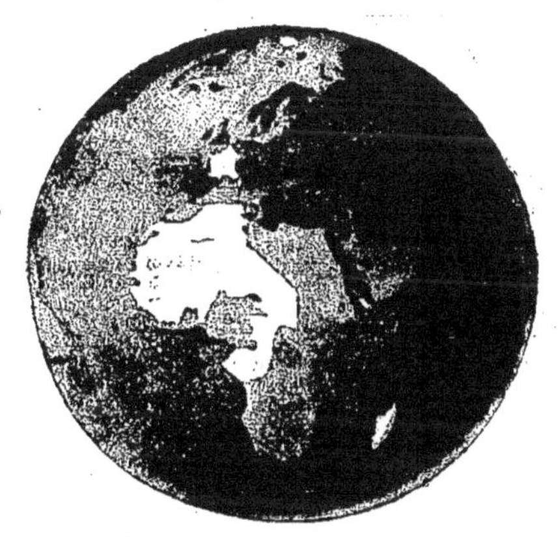

PUBLICATION

DU

COMITÉ DE L'AFRIQUE FRANÇAISE

21, RUE CASSETTE, PARIS

1909

COMITÉ DE L'AFRIQUE FRANÇAISE

ADHÉSIONS ET SOUSCRIPTIONS

Les ressources du Comité proviennent de dons et souscriptions, et ses moyens d'action relèvent tous de l'initiative privée.

Tout Français souscripteur d'une somme annuelle d'au moins **vingt francs** devient membre adhérent et recevra pendant l'année le **Bulletin** mensuel publié par le Comité.

Le chiffre minimum de la cotisation est réduit à **quinze francs** pour les fonctionnaires coloniaux, diplomatiques et consulaires, l'armée et les membres de l'enseignement.

L'abonnement au **Bulletin mensuel** est fixé à **vingt-cinq francs** pour l'étranger, les libraires et commissionnaires et pour les cercles, bibliothèques et groupements divers.

Ces prix ne s'appliquent point aux souscriptions antérieures au 1er Janvier 1906 qui sont maintenues à leur chiffre, quel qu'il soit.

Adresser toutes les souscriptions à M. le Trésorier du Comité, 24, rue Cassette, Paris (6e arrondt).

Pour adhérer, il suffit de remplir le bulletin de souscription qu'on trouve au verso de la première page bleutée du **Bulletin**.

BUT DU COMITÉ

L'objet des souscriptions recueillies est :

D'organiser des missions d'exploration et d'études dans les régions africaines soumises ou à soumettre à notre influence ;

D'appuyer les missions organisées par le gouvernement ou par les associations géographiques et coloniales ;

De développer l'influence française dans les pays indépendants d'Afrique ;

D'encourager les travaux politiques, économiques et scientifiques relatifs à l'Afrique ;

De poursuivre des études et recherches destinées à préparer ou à appuyer les établissements privés de nos nationaux dans ces régions ;

De tenir les adhérents régulièrement au courant des faits concernant l'Afrique, spécialement au point de vue de l'action des nations européennes colonisatrices.

Dans la limite de son programme, le Comité disposera librement et sous sa responsabilité des sommes qui lui seront confiées.

Les Bureaux du Secrétariat sont ouverts tous les jours de 10 heures à midi et de 2 heures à 5 heures.

Le Secrétaire général reçoit le mardi après-midi de 2 heures à 4 heures.

La Pénétration de la Côte d'Ivoire

EXTRAIT

DU

BULLETIN DU COMITÉ DE L'AFRIQUE FRANÇAISE

Octobre 1909

Le récent séjour à Paris de M. le gouverneur Angoulvant a attiré sur la Côte d'Ivoire l'attention des coloniaux qui s'intéressent à notre domaine de l'Afrique Occidentale. Déployant son activité bien connue, ce haut fonctionnaire a su, en moins de trois semaines et malgré des préoccupations d'ordre privé, trouver le temps de conférer avec les personnalités officielles ou non, les groupements politiques, économiques ou scientifiques, les directeurs ou représentants de sociétés commerciales, les particuliers enfin, que, pour des motifs divers, le sort de la Côte d'Ivoire ne saurait laisser indifférents. A tous, il a clairement exposé la situation générale de la colonie confiée à ses soins, montré ses besoins et son avenir, expliqué et justifié la politique suivie par lui depuis sa prise de fonctions, c'est-à-dire depuis le mois de mai 1908.

Ce qui se dégage tout d'abord des indications fournies par M. Angoulvant, c'est que, logiquement, une orientation nouvelle a été donnée, au cours des mois écoulés, à la direction politique et administrative de l'Afrique Occidentale. Non pas que l'éminent gouverneur général actuel, M. Ponty, ait rompu avec le passé. Bien au contraire, comme il l'a d'ailleurs, à plusieurs reprises, déclaré lui-même, il s'est attaché à poursuivre la réalisation du plan d'ensemble si magistralement conçu par M. Roume et déjà partiellement exécuté par lui.

On se souvient que le prédécesseur de M. Ponty a créé de toutes pièces ce magnifique organisme que constitue aujourd'hui le gouvernement général de l'Afrique Occidentale. Avec une grande clairvoyance et parce qu'il avait compris, très

pratiquement, que l'avenir d'un empire colonial nouveau, tout comme celui d'une entreprise privée, dépend essentiellement de son crédit, M. Roume s'était appliqué, en premier lieu, à établir ce dernier. Chacun a présents à l'esprit les remarquables résultats qu'il a su obtenir : organisation des services centraux et, parallèlement, des services locaux de chaque colonie, unité de direction et de doctrine, création de ressources budgétaires importantes, conception d'un immense programme de travaux publics destinés à la fois à mieux unir les éléments du groupe et à permettre au commerce naissant d'exploiter rapidement jusqu'au point le plus reculé de nos possessions, lancement d'emprunts élevés dont le succès a, mieux que toute affirmation, garanti la valeur de l'œuvre immense accomplie en si peu de temps.

Le souci de cette œuvre n'avait pas laissé à M. Roume tout le loisir nécessaire pour apporter à l'état politique de quelques parties de l'Afrique Occidentale les mêmes perfections que l'on trouve dans l'organisation administrative et économique. Il fallait compter avec le temps, dont les limites ne se reculent point à volonté. Le gouverneur général alla au plus pressé : il fit l'Afrique Occidentale, lui donna si bien les moyens de vivre et de croître qu'elle se développa avec une étonnante précocité. A son successeur, il laissait le soin de retoucher, si besoin, le travail fait par lui, de parachever l'œuvre, de la polir en quelque sorte.

M. Ponty n'a pas failli à cette tâche. Il a trop souvent affirmé vouloir la poursuivre et, surtout, il y a trop de grandeur dans le fait de deux hommes de haute valeur se succédant à la tête d'une importante administration sans que le second ait d'autre souci que de continuer ce qui a été entrepris, qu'il est particulièrement agréable de signaler ce fait si rare à l'attention des bons Français.

Mais, s'il est beau de voir une œuvre nationale à l'abri des à-coups et des bouleversements qu'amènent, en général, les changements de direction, il n'est pas moins digne de remarque de trouver de l'originalité jusque dans l'application des mêmes principes et dans la permanence des institutions. C'est là, peut-on dire, une sorte de phénomène dont, pour son profit, l'Afrique Occidentale est aujourd'hui le théâtre.

Car, si M. Ponty n'a rien changé au programme mis sur pied par M. Roume, si, au contraire, il a apporté tous ses soins à en activer l'exécution, il a cependant su donner à son administration un caractère de nouveauté qui, tout en contribuant à parfaire les résultats obtenus par son prédécesseur, donnera à son gouvernement une empreinte très personnelle.

Pour tout exprimer en peu de mots, M. Roume a créé une organisation administrative et économique et ébauché l'action politique ; M. Ponty achève et perfectionne la première, il donne à la seconde toute son ampleur.

Certes, M. Roume n'a pas négligé la politique ; bien plus, l'Afrique Occidentale lui doit plus de sécurité. Lorsqu'il prit ses hautes fonctions, le groupe de colonies qu'il allait diriger se remettait à peine des secousses qui avaient marqué notre installation dans un pays où nous avions dû nous implanter les armes à la main et où, depuis plusieurs dizaines d'années, le souci d'une difficile conquête était resté au premier plan. Il n'était pas mauvais de faire succéder une accalmie à l'orage, au moment d'installer de grandioses entreprises pacifiques. L'occupation, complète sur la majeure partie du territoire, était déjà suffisante pour nous assurer le concours des populations dont nous allions avoir besoin tout d'abord, en même temps que des ressources fiscales importantes. Quant aux groupements indigènes moins soumis ou inconnus, ils se trouvaient placés dans des régions vers lesquelles les regards et les efforts ne devaient pas immédiatement se tourner. On pouvait compter, enfin, que l'exemple des populations venues à nous aurait une influence heureuse sur celles demeurées en dehors de notre rayonnement et que le bien, pour une fois, serait contagieux. Pour ces motifs, la pénétration de certaines régions, retardée ou moins activement poussée jusqu'alors, fut remise à une époque plus favorable au moment où, l'essor de l'Afrique Occidentale étant assuré, il serait loisible d'y rendre uniforme l'exercice de notre autorité.

Ainsi en fut-il pour la Côte d'Ivoire.

*
* *

La Côte d'Ivoire est peu connue. On peut même dire que, nos possessions du Congo et dépendances mises à part, elle est la moins connue de nos colonies. Il serait difficile d'expliquer cette sorte d'ignorance dans laquelle nous sommes restés à son endroit, si la nature du terrain ne la justifiait en grande partie.

Pour presque tous les Français, la Côte d'Ivoire est un pays malsain, couvert d'immenses forêts, où l'on ne saurait habiter sans faire preuve de vrai courage et presque sans avoir fait le sacrifice de son existence. Ce n'est pas ici le moment de combattre cette injuste opinion ; bornons-nous à regretter qu'elle ait contribué à détourner de notre colonie du golfe de Guinée une attention que l'intérêt le mieux compris eût conseillé de lui consacrer, tant ses ressources sont immenses et variées.

La Côte d'Ivoire comprend deux régions bien distinctes : la région soudanienne, actuellement constituée par les cercles de Korhogo, de Mankono, de Kong, de Bondoukou ; la région forestière formée par le reste du pays. Entre les deux, le Baoulé, contrée de savanes boisées, s'avance relativement près de la mer à la façon d'un coin et divise la forêt en deux zones d'inégale superficie. Au rivage, défendu sur toute sa longueur par une barre mugissante et dangereuse, aboutissent quelques fleuves immenses qui semblent, sur la carte, de merveilleux chemins naturels allant vers la haute Côte, mais que des rapides rendent inutilisables à peu de distance de l'Océan.

Du fait de la forêt, les régions soudaniennes, conquises en même temps que la boucle du Niger, et le littoral, où notre implantation date de loin, sont à peu près restées sans rapports suivis jusqu'à ces dernières années. La végétation a placé, entre le Nord et le Sud, une quasi infranchissable barrière. Les populations de la partie sylvestre, farouches, éprises d'indépendance et d'anarchie, ont doublé l'obstacle. Aussi, ne faut-il pas être surpris si les efforts faits, depuis une quinzaine d'années, pour réunir les deux tronçons de la colonie actuelle, le haut pays passé à la Côte d'Ivoire pour lui permettre de subsister et le littoral d'où nos commerçants n'osaient guère s'éloigner, ont été décousus et si tous appartiennent exclusivement à l'épopée coloniale plutôt que de relever d'un plan arrêté de pénétration. Ces efforts, nous allons les passer rapidement en revue.

Nous ne citerons que pour mémoire les tentatives faites jusqu'en 1888 pour donner à la France des droits sur la Côte d'Ivoire. Comme un peu partout, dans le monde, de hardis navigateurs poussèrent, au XIVe siècle, des pointes jusque sur le golfe de Guinée : ils n'avaient d'autre but que la réalisation des bénéfices mirifiques et faciles promis par les pays tropicaux. Au début du XVIIe siècle, des missions s'installent à l'endroit où s'élève aujourd'hui Assinie, mais si les efforts du prosélytisme ont quelque durée et des apparences de succès, c'est qu'à cette époque la foi trouve, auprès des gouvernements, un appui qui procure à ses prédicateurs une sorte de caractère officiel.

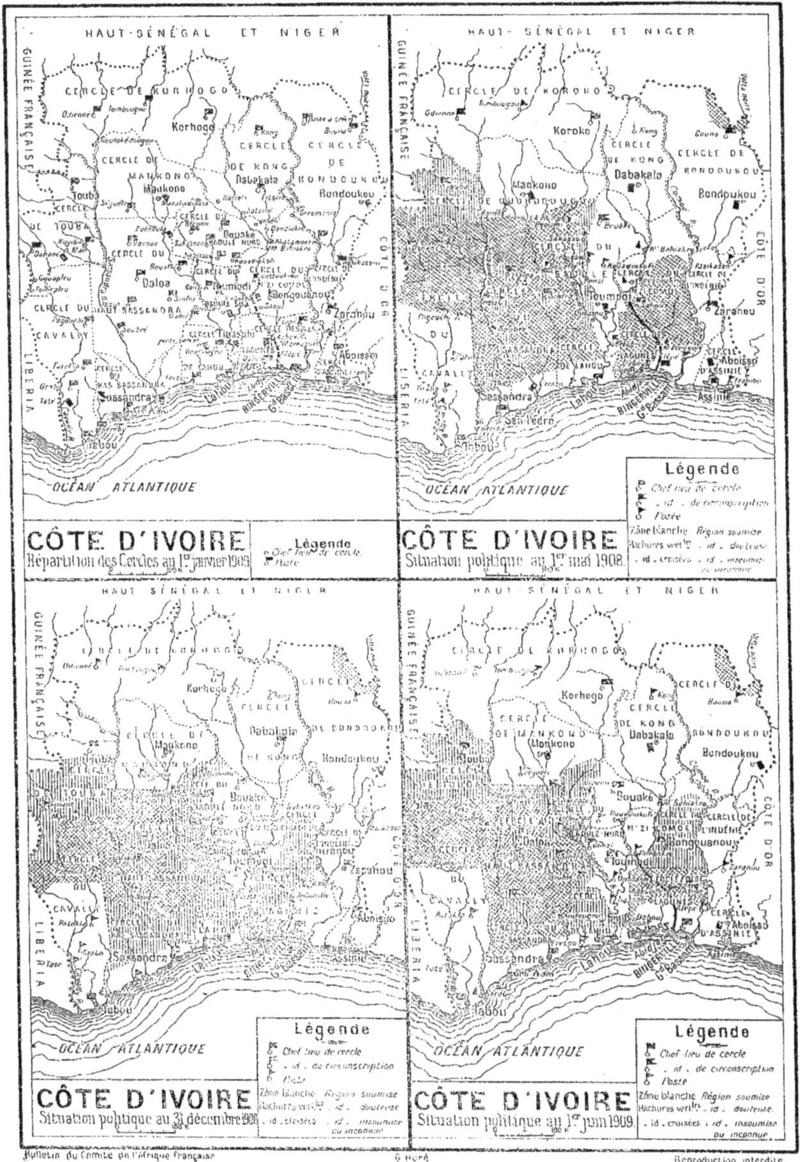
HAUT-SÉNÉGAL ET NIGER
GUINÉE FRANÇAISE
CERCLE DE KORHOGO
Korhogo
CERCLE DE KONG
CERCLE DE BONDOUKOU
Mankono
Dabakala
Bondoukou
Touba
Bouaké
Daloa
Zaranou
CAVALLY
LIBERIA
Sassandra
Lahou
Bingerville
Aboisso
OCÉAN ATLANTIQUE
CÔTE D'IVOIRE
Répartition des Cercles au 1er janvier 1909
Légende
Chef-lieu de cercle
Poste

HAUT-SÉNÉGAL ET NIGER
GUINÉE FRANÇAISE
CERCLE DE KORHOGO
Koroko
CERCLE DE KONG
CERCLE DE BONDOUKOU
Mankono
Dabakala
Bondoukou
Zaranou
Aboisso
D'ASSINIE
Assinie
CAVALLY
LIBERIA
Sassandra
Lahou
Bingerville
San Pédro
CÔTE D'OR
OCÉAN ATLANTIQUE
CÔTE D'IVOIRE
Situation politique au 1er mai 1908
Légende
Chef-lieu de cercle
id. de circonscription
Poste
Zône blanche Région soumise
Hachures vert.les id. douteuse
id. croisées id. insoumise ou inconnue

HAUT-SÉNÉGAL ET NIGER
GUINÉE FRANÇAISE
CERCLE DE KORHOGO
Korhogo
CERCLE DE KONG
CERCLE DE BONDOUKOU
Mankono
Dabakala
Bondoukou
Bouaké
Zaranou
CAVALLY
LIBERIA
Sassandra
Lahou
Aboisso
Assinie
OCÉAN ATLANTIQUE
CÔTE D'IVOIRE
Situation politique au 31 décembre 1908
Légende
Chef-lieu de cercle
id. de circonscription
Poste
Zône blanche Région soumise
Hachures vert.les id. douteuse
id. croisées id. insoumise ou inconnue

HAUT-SÉNÉGAL ET NIGER
GUINÉE FRANÇAISE
CERCLE DE KORHOGO
Korhogo
CERCLE DE KONG
CERCLE DE BONDOUKOU
Mankono
Dabakala
Bondoukou
Bouaké
Daloa
Zaranou
CAVALLY
LIBERIA
Sassandra
Lahou
Bingerville
Aboisso
D'ASSINIE
CÔTE D'OR
OCÉAN ATLANTIQUE
CÔTE D'IVOIRE
Situation politique au 1er juin 1909
Légende
Chef-lieu de cercle
id. de circonscription
Poste
Zône blanche Région soumise
Hachures vert.les id. douteuse
id. croisées id. insoumise ou inconnue

Les résultats de ces premières entreprises furent, en réalité, négatifs, car, d'une part, ceux qui vinrent alors à la Côte d'Ivoire firent peu

POSTE DE DABAKALA

pour donner à ses habitants une bonne opinion de la colonisation française : disons, à sa décharge, qu'il en était de même pour toutes les colonisations. D'autre part, les indigènes méritaient déjà que des Marchais les peignît, en 1730, comme « méchants, traîtres, menteurs, voleurs, d'un naturel féroce et sanguinaire », et qu'une partie du littoral fût appelée Côte des Malgens.

Après 1815 commencent, dans le golfe de Guinée, des croisières qu'illustrent notamment Bouet-Willaumez et Fleuriot de Langle. C'est pendant

VILLAGE DE NIAMOUÉ (BAOULÉ)

cette période que le nom de Faidherbe commence à être cité. Le second nommé de ces personnages a laissé, de ses voyages dans la région lagunaire,

des relations dont nous pouvons faire, aujourd'hui encore, notre profit. « Il nous dépeint, écrit M. le gouverneur Clozel dans son ouvrage : *Dix ans à la Côte d'Ivoire*, les peuplades qui habitent de Fresco jusqu'à Apollonie, comme très divisées et nous apprend qu'il a fallu traiter avec quarante villages pour acquérir les droits de souveraineté épars entre tous les chefs. » Parlant de la population d'une partie du littoral, Fleuriot de Langle dit qu'elle est « gouvernée par une oligarchie entre laquelle il n'existe pas de liens communs. Les langues parlées, ajoute-t-il, se ressentent de ces différentes origines et forment une bigarrure qui demande le secours de plusieurs interprètes. Il est rare qu'un seul individu connaisse tous les idiomes adoptés par chaque communauté. Les intérêts commerciaux et les rivalités de castes amènent des guerres fréquentes entre toutes ces populations ». L'explorateur dont il s'agit, qui sut nous obtenir, auprès du rivage et de la lagune, des résultats appréciables, synthétise la politique qu'il dut suivre, quand il s'exprime en ces termes : « Tant que les relations que nous avions avec les chefs se bornèrent à leur donner des cadeaux, tout fut facile... » Phrase prophétique en 1873, date à laquelle elle fut écrite, car elle est malheureusement encore vraie aujourd'hui.

Mais, déjà, nous avons pris pied à la Côte d'Ivoire. Nous ne la quitterons plus désormais, malgré les vicissitudes qui doivent marquer les étapes de notre occupation.

Après la guerre de 1870 et comme nous nous trouvons détournés des opérations coloniales, un négociant, M. Verdier, est chargé de défendre, en même temps que les siens, les intérêts de la France dans le golfe de Guinée. Poussé par son patriotisme, il n'hésite pas à prendre l'initiative de la pénétration du pays et l'un de ses agents, Treich-Laplène, remonte sur son ordre jusque dans l'Indénié.

Nous sommes en 1888.

L'année suivante, le même Treich-Laplène, qui devait attacher son nom à la fondation de notre colonie et payer de sa vie son dévouement, va, jusqu'à Kong, au-devant de M. Binger, venu avec une poignée d'hommes par la route du Niger, et pour qui la Côte d'Ivoire était le terme d'un remarquable voyage d'exploration dont la France s'enthousiasma et dont son auteur devait tirer une juste illustration.

En 1890, la Côte d'Ivoire fait partie des établissements des rivières du Sud, de la Guinée et du Bénin, érigés en colonie indépendante. Le pays est né, désormais, à la vie officielle, mais il s'en faut encore de beaucoup que l'on prenne conscience de sa valeur au point de lui consacrer des efforts organisés.

Des explorateurs isolés, comme les Arago, les Quiquerez, les de Segonzac, les Armand, les de Tavernost, les Voituret, les Papillon, s'élancent, isolés ou par groupes, à la conquête de la forêt; celle-ci leur barre bientôt la route; à quelques-uns, elle réserve une mort tragique.

Le capitaine Ménard, reprenant à rebours l'itinéraire suivi en 1889 par M. Binger, gagne Séguéla; il est tué peu après.

Il semble, d'ailleurs, que cette route, peu éloignée de la lisière est de la colonie, soit la seule praticable, du fait de la forêt et des indigènes. MM. Binger et Marcel Monnier ayant voulu, en 1892, redescendre de Kong vers l'Océan en suivant le Bandama, sont rejetés par les populations vers la première route qu'a suivie le glorieux explorateur.

La même année, les capitaines Marchand et Manet remontent le Bandama jusqu'à Thiassalé, qu'ils occupent de force. Le second étant mort, le capitaine Marchand réussit, après avoir inutilement essayé de pénétrer dans la forêt vers l'Ouest, à traverser le Baoulé et à gagner Kong, d'où il redescend à la Côte.

L'explorateur Moskowitz tente de reprendre la même voie, mais meurt d'épuisement.

En 1893, la Côte d'Ivoire est constituée en une colonie indépendante, dont le gouvernement est confié à M. Binger. Aussitôt, tout le littoral est occupé jusqu'au fleuve Cavally, qui devient, au moins provisoirement, la limite occidentale de notre possession. M. Pobéguin explore cette zone maritime et le cours inférieur du Cavally.

Nous semblons dès lors résolus à nous avancer dans l'intérieur, en suivant le cours des fleuves : les postes de Thiassalé et de Bettié sont respectivement fondés sur le Bandama et sur le Comoë.

Mais, dès que nous voulons pénétrer dans le Baoulé, la population nous arrête. En 1894 et 1895, le lieutenant-colonel Monteil, parti de la mer, avec une forte colonne, pour barrer la route à Samory, rencontre chez les Baoulés une telle hostilité qu'il doit rebrousser chemin.

Le lieutenant Lecerf, venu du Soudan, meurt tragiquement dès qu'il aborde la forêt. Le lieutenant Bretonne et M. Lamblin, voulant atteindre Bondoukou en partant de l'Ouest du Baoulé, ne peuvent vaincre, malgré leurs efforts, les obstacles créés par les indigènes.

En 1896, M. Mouttet, devenu gouverneur de la Côte d'Ivoire, commence à organiser administrativement le pays. Des explorations incessantes sont entreprises pour percer la barrière forestière.

M. Clozel, alors administrateur, parcourt l'Indénié, fonde Assikasso, occupe Bondoukou en 1897.

M. Pobéguin fait une première tentative pour remonter le Sassandra, effort repris, avec une meilleure fortune, par M. Thomann, qui, à force de persévérance, nous installera dans cette région jusqu'à Daloa.

MAISON D'ARCHITECTURE SOUDANAISE A MANKONO

M. Eysséric parvient à pénétrer, par le Baoulé, dans le haut pays Gouro, mais il est bientôt arrêté, fait captif, puis renvoyé sur ses pas.

M. Hostains remonte le Cavally jusqu'à 120 kilomètres de la côte, MM. Bailly et Pauly, qui essaient d'atteindre ce fleuve en venant du Soudan, sont massacrés dans la forêt. Le lieutenant Blondiaux, qui essaie d'atteindre le haut Sassandra depuis la Haute-Guinée, est rejeté en arrière par les Diolas, après de rudes combats auprès de Man. En 1899, la mission Woelffel subit le même

VILLAGE SUR LE COMOÉ

sort dans la même région. A la même époque, MM. Hostains et d'Ollone parviennent, au prix d'énormes difficultés, à gagner la Guinée en partant de Tabou, après avoir exploré le cours du Cavally.

A partir de 1903, M. Clozel étant devenu gouverneur de la Côte d'Ivoire, la pénétration devient plus active, plus méthodique et, sans parler des luttes qui devaient marquer la chute de Samory et qui intéressent surtout la conquête du Soudan, nous commençons à prendre contact avec les populations de la forêt qui, à chaque pas en avant, nous résistent avec énergie. Les progrès alors réalisés sont d'autant plus remarquables qu'ils exigent des efforts plus répétés et aussi plus meurtriers. Malgré tout, le pays s'organise, des postes sont créés dans l'intérieur, les tribus soumises à l'impôt; la vie commerciale se développe sur le littoral et le long de quelques fleuves. Au Baoulé, nous nous trouvons en face d'une résistance acharnée qui, plusieurs années durant, retiendra les efforts des commandants Chasles et Betsellère, de nombreux officiers et de troupes d'élite.

Nous venons d'énumérer les principales circonstances dont fut marquée, jusqu'à l'an dernier, l'occupation de la Côte d'Ivoire. Si nous avons fait ressortir le caractère individuel des initiatives qui se multiplièrent longtemps pour établir notre autorité au delà du littoral, en deçà des régions soudaniennes, nous n'avons pas pu dire la dépense d'héroïsme qui en résulta. Cet héroïsme a été trop peu connu, parce que l'attention publique s'est trouvée par trop détournée de la Côte d'Ivoire : il semble que la forêt ait dérobé les prodiges de vaillance, et, souvent, jusqu'au nom des victimes, comme elle fait l'ombre sur le sol,

Par la force des choses et pour répondre le mieux possible aux nécessités du ravitaillement, les tentatives de pénétration se sont opérées surtout en suivant les vallées des fleuves. C'est tardivement que nos troupes ont cherché à établir la liaison entre ces cours d'eaux, mais peu nombreuses, ignorantes du terrain, opposées à des populations combatives à l'extrême, obligées de lutter sans cesse contre des adversaires nouveaux, puisque la soumission d'une tribu n'avait pas d'influence sur l'attitude des tribus voisines, en raison du morcellement de l'autorité, elles n'y étaient que très imparfaitement parvenues au début de 1908. Nous ne tenions pas alors tout le pays, mais seulement les points sur lesquels nous étions installés en force et leurs environs immédiats. Chaque sortie était marquée par une lutte nouvelle, à reprendre chaque fois.

Au surplus, aucun concours à espérer de l'indigène, même soumis, par suite de l'impossibilité d'agir de proche en proche en nous servant de l'influence d'un chef, en mettant à profit le dévouement de quelques individus de choix. M. le gouverneur Clozel a mis très clairement et très judicieusement cette difficulté en lumière lorsque, dans son ouvrage cité plus haut, il a écrit : « L'éparpillement du pouvoir politique, signalé par l'amiral Fleuriot de Langle, est toujours le même. S'il a l'avantage d'empêcher les troubles de se généraliser et tout soulèvement de prendre des proportions inquiétantes, il nous oblige, par contre, à agir nous-mêmes dans bien des cas où une autorité indigène reconnue nous faciliterait singulièrement notre tâche. »

M. Clozel tire immédiatement la conclusion de cet état de choses : « Cette insécurité, dit-il, explique aussi la date relativement récente des installations commerciales permanentes à terre. »

On conçoit, dès lors, quelle a dû être jusqu'ici, du fait de l'établissement incomplet de notre autorité, de la dissémination des postes, de leur insuffisante liaison, la situation du commerce. Ce dernier vient aux colonies pour chercher, avant tout, un vaste champ d'action ; il a besoin d'abord de la sécurité. Or, si l'on déterminait sur une carte de la Côte d'Ivoire le terrain qui lui est actuellement imparti, on devrait se borner à tracer le long du littoral, à l'Est de la colonie, dans les étroits cercles frontière, en remontant peu avant le cours des fleuves, autour des postes et dans une partie du Baoulé, de minces bandes qui, comparées à l'immensité de notre possession, sans même faire entrer la haute Côte en ligne de compte, provoqueraient la stupéfaction. Et si, maintenant, l'on considère qu'attirés malgré tout vers les prodigieuses richesses latentes de la colonie, les commerçants y sont devenus relativement nombreux, on se rendra compte de la persévérance, du courage, de l'ingéniosité dont chacun doit faire preuve, non pas tant pour réussir que pour seulement vivre.

En dépit de ces conditions peu favorables, la Côte d'Ivoire avait cependant, à la fin de 1907, donné déjà de telles preuves de la vitalité qu'elle permettait de fonder sur son avenir des espérances indéfinies. Le commerce général, pour cette seule année, atteignait 28.928.418 francs, sur lesquels les importations comptaient pour 17.868.981 fr. et les exportations pour 11.059.437 francs; le budget local s'élevait, en recettes, à 3.455.000 fr.; la colonie avait un crédit suffisant pour qu'on lui eût accordé 32 millions sur les fonds d'emprunt en vue de la construction d'un chemin de fer et de l'aménagement de ses ports et rades. De tels résultats valent qu'on les cite, lorsqu'ils sont obtenus par un pays neuf, d'une superficie assez peu inférieure à celle de la France, renfermant des ressources certaines et illimitées, encore totalement inconnu pour les deux tiers.

Il était donc naturel que l'on songeât à en rendre complète l'occupation, condition première d'un développement économique, et que l'on appliquât à cette entreprise une constance et une méthode capables de la mener rapidement à bonne fin. C'est à cette œuvre que s'est appliqué, depuis dix-huit mois, M. le gouverneur Angoulvant. Nous allons montrer l'intérêt de sa tâche, en même temps que nous ferons voir la manière dont il l'a comprise, les avantages déjà obtenus et le but final.

*
* *

Un coup d'œil sur la situation d'ensemble de la Côte d'Ivoire au 1er mai 1908 et sur les difficultés à vaincre fixera le point de départ du gouvernement actuel et facilitera la mesure des résultats acquis.

A cette époque, les cercles de Korhogo, de Kong, de Bondoukou, de l'Indénié, d'Assinie, de Bassam étaient complètement soumis ; l'administration s'y exerçait sans rencontrer d'obstacles résultant du mauvais vouloir ou de l'hostilité des indigènes. La conquête, faite sur Samory, des circonscriptions du Nord avait complété la soumission des tribus qui les habitent, déjà accoutumées par le conquérant noir à accepter une autorité étrangère.

Le cercle de l'Ouorodougou, peuplé partie d'indigènes de la forêt, partie d'indigènes semblables à ceux des cercles précédents, était aussi tranquille dans la zone occupée par les derniers éléments qu'il l'était peu dans sa portion sylvestre : celle-ci, totalement inconnue, comprenait précisément les régions que n'avaient pu pénétrer les missions Blondiaux et Wolffel.

Le Baoulé, pacifié de la veille, donnait pour l'avenir de sérieuses espérances de sécurité. Toutefois, sa bordure occidentale en entier, le long du Bandama, peuplé de tribus particulièrement sauvages, audacieuses et pillardes, les Ouanfoués, les Watas, les Faafoués, les Akoués, les Yaourés, les Nananfoués, les Ayaous, les Kodés, fermait tout horizon politique du côté de l'Ouest.

Le N'Zi-Comoé, vaguement exploré, restait, vers l'Est, comme une immense enclave vide de noms sur les cartes ou bien pourvue seulement d'indications fantaisistes.

Le cercle des Lagunes, où se trouvait le chef-lieu de la colonie et à travers lequel se construisait le chemin de fer, ne présentait de sécurité réelle que sur le littoral et aux abords immédiats des centres. Toute pénétration dans l'intérieur était à peu près interdite sans escorte et l'on se souvient que les indigènes s'étaient montrés fort menaçants lorsqu'ils avaient vu s'avancer le rail vers le Nord.

Une étroite bande de sable, resserrée entre la lagune et la mer, constituait en réalité le cercle de Lahou, bien que, administrativement et géographiquement, cette circonscription fût pourvue, vers les terres, d'un assez vaste territoire où nos représentants ne s'étaient encore aventurés que timidement.

Le cercle du Cavally, en dehors de la basse région, n'était guère connu que par les belles explorations de MM. Hostains, d'Ollone et Joulia.

Le cercle du Sassandra, d'une superficie égale au sixième de la colonie tout entière, constituait le point noir de la situation politique, encore que le reste de la forêt, on vient de le voir, ne nous donnât que de très relatives et très précaires satisfactions. La partie proche de l'Océan, peuplée d'indigènes commerçants en contact depuis assez longtemps avec nous, nous donnait, au Sud, une base sérieuse ; nous occupions, d'autre part, dans l'intérieur, trois postes : Soubré, Issia et Daloa. A l'Est, dans le pays gouro, nous possédions deux autres postes : Bouaflé et Sinfra. Mais les uns et les autres étaient comme des îlots perdus dans la forêt, en butte aux provocations sinon aux atta-ques d'une nombreuse et sauvage population. Deux de nos officiers, le capitaine Caveng et le lieutenant Hutin, venaient d'être assassinés ; leur mort et plusieurs investissements de Daloa avaient nécessité diverses opérations dont la dernière, la colonne Metz, prenait à peine fin : aucune d'elles n'avait pu asseoir définitivement notre prestige.

Ainsi donc, de toutes parts dans la forêt, hostilité des indigènes, guerre permanente, impossibilité non pas même d'administrer, mais d'entrer en relations suivies avec les tribus.

Et pourtant, que de prodiges avaient été faits pour nous rendre maîtres de cet immense territoire ! Depuis quelques années, nos officiers, jaloux de se montrer les dignes compagnons de ceux qui nous avaient conquis en Afrique tant de régions nouvelles, luttaient avec l'énergie la plus persévérante mais aussi la plus inutile, car toujours, derrière eux, se redressaient contre nous les groupements qu'ils avaient cru bien châtier et bien soumettre. L'indigène, aimant la guerre comme un sport, ravi de l'occasion que lui fournissait chacune de nos reconnaissances de se livrer, en dehors des querelles de tribu à tribu, à cet exercice recherché, l'indigène, disons-nous, était toujours disposé à nous combattre et puisait, dans les avantages relatifs qu'il remportait sur nos faibles détachements, non seulement un courage nouveau mais une raison de s'enorgueillir vis-à-vis de ses voisins. Car jamais, à la Côte d'Ivoire, ne se sont produites des insurrections en masse, dirigées par des chefs influents, organisées, capables d'offrir à des troupes sérieuses une résistance marquée. Ici, pas de cause nationale à soutenir ni de dynastie à défendre. Mais des poussières de tribus, des individus agissant isolément ou par petits groupes, aujourd'hui décidés à nous accueillir, demain déterminés à nous combattre jusqu'à la dernière extrémité parce qu'un féticheur a ordonné la mort des Blancs ou parce que quelques jeunes gens ont résolu de tuer un étranger pour gagner un titre à la considération de leurs semblables. Parfois, pour le prétexte le plus futile, sous une inspiration enfantine, des tribus entières prennent les armes, quitte, pour une partie des villages, à les déposer et à désavouer les premiers compromis ou les premiers punis, de telle sorte qu'il est quasi impossible d'atteindre les véritables instigateurs, d'établir les responsabilités, de frapper des coups sérieux, de traiter valablement.

La méthode de combat des indigènes se ressent aussi de leur tournure d'esprit en même temps que de la nature du terrain. Dissimulé dans l'immense forêt vierge qu'il parcourt avec l'aisance d'une biche, abrité par des taillis qui exigent, pour être pénétrés par nos soldats, un laborieux travail, le combattant noir se met à l'affût de nos hommes comme il ferait d'un gibier. Le détachement passe, les soldats marchant l'un derrière l'autre, l'arme au guet dans l'étroit sentier ; le chasseur attend patiemment que ce soit au tour d'un blanc de se présenter devant son arme de traite, chargé jusqu'à la bouche de poudre et de mitraille : il tire alors et s'enfuit, tandis que les balles des tirailleurs, après une décharge au jugé, s'égarent autour de lui ou pénètrent les arbres

JARDIN D'UN POSTE DE LA HAUTE CÔTE D'IVOIRE

immenses. Parfois, au lieu d'un guerrier isolé, c'est une embuscade de plusieurs hommes qui fait le coup de feu dans les mêmes conditions, pour recommencer quelques kilomètres plus loin, jalonnant ainsi la route par une série de guet-apens qui nous coûtent généralement quelques soldats, en dépit de la maladresse des natifs.

Inspirés par notre naturel sentiment de générosité, poussés aussi par le désir d'épargner la vie

TIASSALÉ. LES RAPIDES

de nos soldats pour le petit nombre desquels la forêt vierge rendait la lutte trop inégale, nous avons essayé, jusqu'à l'an dernier, de réaliser l'occupation de la Côte d'Ivoire par la seule mé-

thode de la pénétration pacifique. Nos administrateurs et nos officiers sont passés maîtres dans la pratique de cette politique et l'on peut être assuré qu'ils se sont merveilleusement acquittés du rôle qui leur était confié. Rôle ingrat et dangereux s'il en fut, lorsque, surtout, ceux qui le remplissent ont affaire à des populations qui ne considèrent la douceur et la mansuétude que comme des marques de faiblesse, qui reçoivent des témoignages d'intérêt et des cadeaux comme des tributs naturels, qui tirent avantage de nos relations avec elles pour se prévaloir, auprès des tribus voisines, de ces rapports, les exploiter et piller les groupes ennemis comme s'ils agissaient sous notre couvert.

Comme le disait, d'une façon si concise, M. le gouverneur général Ponty dans son récent discours d'ouverture du Conseil du gouvernement, les indigènes, « ignorants de notre force, se sont, dans leur extrême simplicité, habitués à l'idée qu'ils pouvaient traiter avec nous de puissance à puissance ». Aussi, la faillite de la pénétration pacifique a-t-elle été complète à la Côte d'Ivoire. Comment n'en eût-il pas été ainsi dans un pays où chaque pas en avant fait dans les intentions les plus généreuses expose quiconque s'y hasarde à l'assassinat? Comment parler de paix à des indigènes pour qui la guerre constitue un moyen habituel et un moyen de vivre, alors surtout que la défaite d'une tribu n'est, pour les tribus rivales, qu'une occasion de moquerie et de vantardise qui les pousse inconsidérément contre nous? N'a-t-on pas entendu des représentants de groupement, à qui l'on donnait en exemple la résistance aisément brisée de groupes voisins, répondre avec la plus belle inconscience que les vaincus étaient moins forts qu'eux-mêmes et qu'ils voulaient, avant de se résoudre à nous obéir, tenter la fortune des armes? Si encore, après de rudes combats, notre victoire était chaque fois définitive! Mais l'on voit communément une tribu récemment soumise se dresser à nouveau contre nous, malgré les leçons reçues, à l'instigation d'un féticheur ou parce que, à quelque distance de là, une rébellion s'est produite. Ces soubresauts, ces retours de la barbarie nous obligent à recommencer, nous imposant des pertes nouvelles, lassant les patiences, décourageant les bonnes volontés.

Ce qu'il s'est prodigué d'héroïsme anonyme au nom du principe de la méthode pacifique est inouï. Les administrateurs, les chefs de poste, les officiers, fidèles observateurs de la consigne, n'hésitaient pas à parcourir, pacifiquement, les tribus qu'ils n'avaient pas eu le loisir de soumettre, et chacune de leurs sorties était l'occasion d'un sacrifice nouveau de leur vie, car ils ne savaient pas si, derrière un arbre, au détour d'un sentier, un exalté, un homme gorgé de vin de palme ou d'alcool, ou poussé par l'amour-propre, ne les assassinerait pas sans défense. Encore eussent-ils accepté certainement, avec plus de joie, ce renoncement à l'existence s'ils avaient pensé qu'il en fût résulté quelque profit pour notre cause. Mais, tout au contraire, leur mort n'eût servi qu'à exciter les natifs et c'est pourquoi ils durent user d'une prudence qui leur fut, du reste, conseillée et qui, si elle n'avança pas nos affaires, évita du moins des pertes cruelles.

Il n'est pas malaisé, après ce que nous venons de dire, de comprendre comment, faute de moyens suffisants, l'administration française fit, jusqu'à l'an dernier, relativement peu de progrès réels dans la pénétration de la Côte d'Ivoire.

*
* *

A la méthode appliquée avant lui par la force des choses, M. le gouverneur Angoulvant allait substituer des procédés nouveaux pour le pays, appropriés à la situation et de nature à donner rapidement des résultats décisifs.

La nécessité s'imposait d'occuper enfin réellement une colonie considérée comme la plus riche du groupe de l'Afrique Occidentale et à qui il allait être demandé, comme aux autres, une participation plus complète et plus parfaite à la vie administrative de l'ensemble. Car, si la Côte d'Ivoire avait tenu jusqu'alors une place honorable parmi les possessions constitutives du gouvernement général, cette place n'était pas celle qu'elle pouvait prendre. Ses ressources budgétaires satisfaisaient sans doute aux besoins du moment, mais ne permettaient pas ce développement des services d'administration, cette création d'œuvres sociales et humanitaires, cette multipli-

UN POSTE MILITAIRE AU MANGO

cation des voies et moyens de transport, ces aménagements d'intérêt public sans lesquels, de nos jours, un pays reste inapte à bénéficier de la civilisation et du commerce.

Il n'était pas logique, d'autre part, que nous demeurions impuissants à utiliser notre bien, notre incapacité à ce point de vue ne se conce-

ÉBATS DE JEUNES NOIRS

vant pas mieux que celle d'un propriétaire empêché de jouir de ce qui lui appartient.

Par un malencontreux hasard, la Côte d'Ivoire, déjà si décriée pour des motifs d'hygiène, avait en quelque sorte été négligée, paraissant ne pas mériter de sollicitude, alors que notre établissement dans les colonies sœurs avait fait l'objet de tant d'efforts et que celle-là avait reçu de la nature tant de biens qu'elle pouvait lutter avec avantage contre n'importe laquelle. L'oubli semblait s'être fait sur elle, rehaussant le mérite des actions qui s'y accomplissaient, mais retardant l'essor de notre influence civilisatrice et de la colonisation.

Au surplus, il ne suffisait pas, à la Côte d'Ivoire, d'établir la sécurité pour permettre au commerce et à l'administration de s'exercer. Cette colonie est au premier rang de celles dans lesquelles l'Européen, malgré toute son énergie, ne peut tirer directement profit des produits offerts à l'exploitation ou créer des ressources nouvelles. Ces produits sont perdus pour nous, ces ressources n'existeront jamais, si le « blanc » n'a pour collaborateur et auxiliaire le natif. A la Côte d'Ivoire s'applique de merveilleuse façon cette opinion de M. Lucien Hubert qui est tout un programme et dont a dû s'inspirer M. Angoulvant : « De jour en jour, nous comprenons mieux que le véritable trésor dont nous devons tirer parti dans nos colonies, ce ne sont ni les richesses naturelles, ni les espaces libres, mais bien les races indigènes... C'est la population qui fait la force et la richesse d'un pays ; le capital à mettre en valeur, c'est l'homme. »

Or, comment, à la Côte d'Ivoire, l'indigène aurait-il accepté de donner son concours, alors qu'il ne pensait qu'à nous combattre et qu'il n'avait pas la plus légère notion de son intérêt personnel? Là même où son attitude avait cessé d'être hostile, sa torpeur et son inertie risquaient de laisser toujours inexploitées des ressources appréciables autant que faciles à réaliser. Nous n'avions en aucune manière à compter sur son initiative et nous étions assurés, en tolérant sa paresse, de continuer à perdre chaque année des richesses énormes que lui seul pouvait mettre à notre portée. Ce n'était pas le moyen de donner à l'exportation un aliment croissant et aux indigènes la possibilité d'acquérir les productions de notre industrie.

M. Angoulvant résolut donc de pénétrer la forêt et d'en soumettre les habitants. Si l'on s'en rapporte à ce que nous avons dit plus haut de la situation, la tâche était considérable, pour peu qu'elle dût être accomplie avec rapidité. Cette rapidité, précisément, s'imposait, afin de donner au budget local des ressources nouvelles nécessaires au perfectionnement de l'organisme administratif, afin d'élargir le champ d'action du commerce, ce dernier ne pouvant rester indéfiniment entravé et à la merci de la moindre agitation.

Préciser la situation politique, tel était donc le but à atteindre, but indiqué par le gouverneur général lui-même en décembre 1908 et qu'il fallait viser non seulement à la Côte d'Ivoire mais en quelques points de l'Afrique Occidentale, comme la Mauritanie et la Haute-Guinée.

Quant aux moyens à employer, ils ressortaient tout naturellement des difficultés à vaincre, exposées plus haut, et de l'échec des efforts faits antérieurement. Nous nous trouvions en butte à des résistances qui allaient nous obliger, si nous voulions avancer, à agir avec énergie. « Dans ce cas, ainsi que le disait tout récemment, avec tant de justesse, le gouverneur général, à propos de la Côte d'Ivoire, lorsque les procédés purement pacifiques sont épuisés, l'occupation du pays, avec des forces suffisantes pour que leur présence décourage définitivement l'adversaire, doit être entreprise. » Cette phrase résume toute la méthode suivie par M. Angoulvant, méthode conforme, du reste, à celle appliquée dans les quelques parties de l'Afrique Occidentale où nous sommes encore obligés d'affirmer notre autorité sans pour cela troubler l'ordre et entraver le progrès des régions en pleine voie de développement. M. Ponty en a, d'ailleurs, exposé avec une remarquable clarté et dans le sens le plus généreux le mode d'application lorsqu'il a dit, dans son discours de juin, en Conseil de gouvernement relativement à la politique à adopter : « On arrive, par une série de démonstrations qui doivent être conduites avec la plus grande humanité, à enserrer les populations dans un réseau de petits postes qui les encadrent et les habituent à notre contact par des visites fréquentes. Les mailles de ce réseau sont étroites, s'ouvrent peu à peu, s'élargissent à mesure que nous avons su nous faire connaître et, insensiblement, notre action s'étend sur la région à la manière d'une tache d'huile qui grandit chaque jour autour du premier point marqué et qui semblait alors nettement circonscrit. »

Nous n'avons plus maintenant qu'à montrer comment le programme suivi par M. Angoulvant s'est, depuis le début, inspiré de ces sages principes.

Si l'on envisage l'état politique de chacune des circonscriptions que nous avons passées en revue plus haut et les difficultés rencontrées jusqu'alors, on peut considérer que le cercle du Sassandra et la partie sud du cercle de l'Ouorodougou formaient une zone restée particulièrement indépendante et où les efforts devaient être exceptionnellement rudes. Dans le reste de la Côte d'Ivoire, nous avions plus ou moins pris pied et, déjà, fait sentir à la fois aux tribus récalcitrantes la force de nos armes et les bienfaits de notre administration. Le chef de la colonie s'arrêta donc à la méthode suivante : achever la pénétration des circonscriptions les plus avancées, isoler le reste du pays pour une action à venir entreprise avec des moyens adéquats.

Depuis dix-huit mois, ce programme s'est appliqué à la lettre. La première mesure qu'appelait sa réalisation consistait à réorganiser administrativement certaines régions, de manière à mieux répartir, d'une part, les forces disponibles et à procéder matériellement à l'isolement des tribus hostiles du Sassandra, du pays Gouro, de la portion méridionale du cercle de l'Ouorodougou. Cette mesure fut, sur la proposition de M. le gouverneur Angoulvant, prise par le gouverneur général dont l'arrêté du 14 décembre 1909 modifia la division existante du pays en cercles administratifs.

La question des moyens était de première importance. Ces moyens n'avaient pas beaucoup d'étendue : quatre compagnies de tirailleurs comprenant au total environ cinq cents hommes et quelques centaines de miliciens. Il fallut, tout d'abord, s'occuper de les renforcer. Le nombre des tirailleurs était fixe; ces soldats forment, on le sait, une troupe d'élite. La valeur militaire des miliciens était singulièrement faible; aussi, le plus grand soin fut-il apporté au perfectionnement de leur instruction professionnelle, à leur entraînement, à la constitution de leur cadre. L'effectif en fut, dès l'an dernier, sensiblement élevé.

Le gouverneur de la Côte d'Ivoire tint à apprécier en personne la situation exacte du pays et entreprit une longue série de tournées qui lui permirent de visiter une ou plusieurs fois les cercles d'Assinie, du N'Zi-Comoé, du Baoulé, de Lahou, du Cavally et jusqu'à celui du Sassandra dans lequel jusqu'alors le chef de la colonie n'avait jamais pu se rendre. Cette préparation et ces conquêtes ont demandé un an environ.

Pendant ce temps, la politique indigène n'est pas restée inactive. Un premier pas sérieux a été fait dans la voie de la pénétration. Partout où les tribus crurent pouvoir continuer l'agitation ancienne et nous opposer la violence, des tournées de police ont plus ou moins complètement ramené l'ordre. C'est ainsi que, sur le Bandama, à l'Ouest du Baoulé, les groupes Kodés, Ayaous, Ouanfoués, Wattas ont été une première fois mis à la raison. Les Agnis du N'Zi-Comoé, précédemment indomptables, ont dû apprendre à nous obéir, les Attiés du cercle des Lagunes ont été punis du meurtre d'un chef de poste. L'arrière-pays du cercle de Lahou, encore ignoré, a été reconnu, partiellement levé et recensé. Des reconnaissances ont été poussées dans le Bas-Sassandra. L'administration est devenue réelle dans le Cavally jusqu'au delà de Patokla. Les Diolas de la région de Man, qu'encourageaient leurs avantages passés sur deux missions, ont été châtiés pour avoir poussé l'audace jusqu'à attaquer le poste édifié en cet endroit. Dans le haut Sassandra et le pays Gouro, érigés en un cercle militaire unique, une activité inaccoutumée s'est déployée depuis le commencement de l'année courante; nos troupes n'ont cessé de parcourir le pays et, malgré une résistance opiniâtre des indigènes, ont affirmé que notre autorité y serait tôt ou tard indiscutée.

Ces mouvements ont eu lieu partie pendant le second semestre de l'année dernière, partie depuis janvier dernier. En 1908, les troupes régulières stationnées dans le Baoulé ont été utilisées soit sur le Bandama, soit vers l'Est, notamment dans le N'Zi-Comoé. Passées en 1909 dans le nouveau cercle du Haut-Sassandra et du pays gouro, elles se consacrent à la pénétration de ce vaste territoire, tandis que les effectifs restants, qui comprennent deux brigades indigènes, compagnies de tirailleurs hors cadres, et des miliciens devenus de véritables soldats, poursuivent l'occupation et la reconnaissance du reste de la forêt.

Des postes nouveaux ont été créés qui assurent une sécurité chaque jour plus grande des routes en voie de multiplication. C'est dans le cercle militaire du Haut-Sassandra que les réseaux de postes sont appelés à jouer un rôle particulièrement essentiel : leurs garnisons, étant formées de miliciens, les tirailleurs, plus solides, mieux encadrés, connaissant la manière des natifs, sillonnent sans cesse le pays et leurs officiers, tout en luttant, pacifient, étudient, recensent, administrent. Dans les parties les plus hostiles, les mailles du réseau sont serrées au point que les tribus se trouvent sans cesse sous notre contrôle et, si besoin, sous la menace d'une répression.

Certes, les résultats acquis depuis dix-huit mois ne sauraient être considérés comme définitifs. Il faut compter avec les difficultés énormes créées par la nature elle-même et le caractère farouche des habitants; il faut compter aussi avec les distances, avec la mauvaise saison, avec la faiblesse des effectifs, avec l'état sanitaire des officiers et des troupes. Sur bien des points, il faudra reprendre le travail accompli et parachever la pacification. Mais, déjà, l'activité déployée a eu pour effet de faire sentir aux indigènes qu'il y avait quelque chose de nouveau dans notre manière d'administrer et que, désormais, nous entendions, non plus traiter et composer avec eux, mais commander.

Du reste, M. le gouverneur Angoulvant a tenu à poser nettement, dès l'an dernier, par ses instructions du 26 novembre 1908, le principe de l'action à exercer, et qui est, suivant lui, le principe d'autorité. Nous ne saurions mieux faire, pour définir sa politique, que de rapporter un extrait des plus marquants de ses instructions, relatif à la direction à suivre : « Le principe d'autorité, disait-il, s'inspire du but à atteindre, but qui se caractérise ainsi qu'il suit : soumettre tous les éléments hostiles; gagner les hésitants; encourager la masse qui, toujours, peut être attirée à nous par l'intérêt, en attendant qu'elle le soit un jour par la sympathie; asseoir, en un mot, notre autorité de telle sorte qu'elle soit indiscutable; traduire, enfin, ces résultats par des effets tangibles, tels que la perception intégrale de l'impôt, le concours donné par l'indigène à l'outillage public, le progrès économique et social... La politique indigène à pratiquer dans ce pays doit donc, littéralement, être bienveillante, mais ferme; sa fermeté se manifeste par la réduction de toutes les résistances, ce qui ne signifie pas qu'elle puisse s'écarter un moment des principes d'humanité dont s'inspire notre action coloniale. S'il convient d'empêcher tous les abus et les excès particuliers, de viser surtout à atteindre le raisonnement de l'indigène et à solliciter sa bonne volonté, d'user de patience, de diplomatie, de longanimité même, il est aussi dangereux qu'impolitique de témoigner de la faiblesse... »

Ainsi donc, un principe directeur unique préside désormais aux manifestations de notre politique coloniale à la Côte d'Ivoire. Il convenait d'autant mieux qu'il en fût ainsi que des distances considérables séparent parfois les représentants de notre autorité et que, poussés par leur tempérament particulier, par la diversité de caractère des tribus à soumettre, les uns ou les autres se laissent aller à agir en toute circonstance selon leur tendance ou selon ce qu'ils considèrent, souvent à tort, comme une nécessité inéluctable, sans se rendre compte de la différence qui existe entre le principe d'une action et les modalités de cette action.

Une telle politique exige une singulière activité. Car, dans un pays comme la Côte d'Ivoire, on ne peut pas témoigner de la fermeté à quelques tribus sans que les voisins aient, chose singulière, non pas le désir de s'unir à elles contre nous, trop heureuses, au contraire, de les voir abaisser, mais le besoin d'essayer leurs forces contre les nôtres pour démontrer qu'elles sont les plus vaillantes et se réserver ainsi l'espoir de dominer les vaincus et d'en abuser.

Reconnaissons-le, cette activité nécessaire n'a pas fait défaut. Elle s'est manifestée de toutes parts et ses conséquences ne se sont point fait attendre. Le budget en a bénéficié par un relèvement sensible de ses recettes directes — passées pour la capitation et la taxe des armes de 1.435.000 francs en 1907 à 2.550.000 francs en 1908 — permettant à des travaux d'intérêt public d'être effectués ou ébauchés; dans bien des régions déjà, l'indigène, à qui l'on a fait sentir la nécessité du travail, commence à produire avec plus d'abondance des produits d'exportation; le fait se remarque notamment dans le Centre et dans l'Ouest de la colonie, où s'offrent à l'ardeur des commerçants des richesses immenses encore inexploitées.

Les bénéfices de la nouvelle politique se traduisent ainsi, actuellement, pour ne parler que des circonscriptions où il y avait vraiment beaucoup à faire : le Baoulé, divisé en deux cercles, s'ouvre notablement à la vie économique et ses habitants, qui nous combattaient hier, promettent de devenir de laborieux agriculteurs, intelligents et âpres au gain. Le N'Zi-Comoé, l'Attié, le pays Dida, le Cavally, cessent d'être des terres inconnues. Le pays gouro, le Sassandra, les régions sauvages de Man et Danané, dévoilent déjà quelques-uns des secrets de leur forêt. Partout, dans la colonie, un meilleur esprit se manifeste, parce que les indigènes sentent que nous voulons réellement nous implanter; peu à peu, ils perdent cette opinion courante, soigneusement entretenue par les chefs et les féticheurs, que nous sommes de passage à la Côte d'Ivoire et que notre domination est momentanée.

Dans quelques mois, la situation politique de la partie de la colonie située à l'Ouest du Bandama, des cercles de Lahou, du Bas-Sassandra et des deux tiers du Cavally, sera en quelque sorte liquidée. Les avantages déjà obtenus vont être poussés à fond et, en ce moment même, nos reconnaissances sont particulièrement actives de tous côtés. Simultanément se prépare la pacification complète du Haut-Sassandra et du pays gouro, destinée à être opérée par tranches, de façon que chaque pas fait en avant soit un pas décisif.

Nous avons renoncé, fort heureusement, à la Côte d'Ivoire, à la politique décousue que nous imposaient autrefois l'insuffisance des moyens et l'ignorance complète dans laquelle nous nous trouvions du pays et de ses habitants. Mettant à profit les connaissances acquises, nous avançons maintenant comme il convient de le faire dans une contrée où les groupes ethniques sont à la fois si divers, si épars, si hostiles les uns aux autres. Nous faisons, enfin, une politique pratique dont le but, comme le disait récemment M. le gouverneur Angoulvant, est de donner vraiment au commerce la totalité du champ d'action que lui offre la Côte d'Ivoire, à la condition qu'il puisse y pénétrer. Quels intérêts pourrait-on fonder, en effet, sur un pays dont une intime partie est seule abordable et où, par suite, toute augmentation du nombre des commerçants a pour conséquence inévitable de réduire les bénéfices de tous et d'acculer les moins solides à l'insuccès?

Il y a quelques mois seulement, M. le gouverneur général Ponty recevait, à la Côte d'Ivoire, un accueil enthousiaste, parce qu'il affirmait, une fois de plus, que les colonies sont faites avant tout pour ceux qui les exploitent. En faisant procéder, sous sa haute direction, à la pénétration et à la pacification d'un territoire dont les réserves de richesses restent inaccessibles, par suite de la sauvagerie des indigènes, il s'acquiert des droits nouveaux à la reconnaissance du commerce de l'Afrique Occidentale.

Il nous reste à souhaiter maintenant que l'œuvre entreprise dans notre colonie du golfe de Guinée dure le moins possible. Toute période d'action est critique et maintient dans l'attente les initiatives prêtes à se manifester. Si donc, chacun doit raisonnablement désirer la fin de toute difficulté politique à la Côte d'Ivoire, il n'en est point qui ne demande une prompte solution. Nous pouvons être assurés qu'il ne tiendra pas à M. le gouverneur Angoulvant que cette solution soit longtemps encore retardée. Nous en sommes d'autant plus certains qu'en dehors de sa volonté de parvenir au but, il sait pouvoir compter sur l'appui éclairé du gouvernement général et du département, comme sur l'approbation entière de ceux qui voient les choses avec largeur d'idées et qui, non satisfaits d'un présent médiocre, escomptent un bel et fructueux avenir. Nous savons aussi quelles admirables troupes luttent là-bas, presque anonymement, pour la paix française et le progrès général. M. Ponty a dernièrement rendu à ces officiers et à ces soldats un public hommage; nous sommes heureux que l'occasion nous soit offerte d'y associer tous les amis de l'Afrique.

Nous voudrions pouvoir, afin de souligner l'importance de l'utilité de la tâche à accomplir à la Côte d'Ivoire, compléter l'exposé ci-dessus des nécessités politiques par un inventaire économique qui fasse ressortir la richesse de cette colonie et l'urgence de son exploitation. Malheureusement, les données que nous possédons sur elle sont vraiment encore insuffisantes et nous serions heureux que l'administration locale, si active, entreprît non seulement de nous donner le pays, mais d'en évaluer les richesses. Elle assurerait ainsi complètement l'avenir.

✳✳✳

L'ŒUVRE DU COMITÉ

Le Comité de l'Afrique Française a été fondé en 1890 par quelques personnes qui avaient organisé, à leurs frais, des expéditions vers le centre de l'Afrique et qui désiraient, en généralisant leurs efforts, grandit leur œuvre. La déclaration qu'il publia à cette époque et qui reçut du public un accueil chaleureux, exposait ainsi son programme :

Nous assistons à un spectacle unique dans l'histoire : le partage réel d'un continent à peine connu par certaines nations d'Europe.

Dans ce partage, la France a droit à la plus grande part, en raison de l'abandon qu'elle a consenti aux autres nations de ses droits sur l'Afrique orientale et des efforts qu'elle a faits pour le développement de ses possessions de l'Algérie-Tunisie, du Sénégal et du Congo.

La convention anglo-française de 1890, en nous donnant accès au nord du lac Tchad, accru nos possessions et considérablement étendu notre zone d'influence : l'Algérie-Tunisie, le Sénégal, le Soudan, le Congo français sont maintenant un champ d'action immense où peut s'exercer notre activité et qui est ouvert à l'exploration et la colonisation.

Un certain nombre de personnes, comprenant, dès la fin de 1889, la nécessité d'une action immédiate en vue de l'accroissement et de la mise en valeur de notre domaine africain, avaient organisé à leurs frais l'expédition Paul Crampel, dont le but était, on le sait, d'explorer la région comprise entre le Congo et le lac Tchad et d'y conclure des traités, puis de revenir, s'il le pouvait, par le Nord. Les mêmes personnes avaient favorisé d'autres expéditions comme celle du lieutenant de vaisseau Mizon.

Reconnaissant la nécessité d'intéresser le plus grand nombre possible de Français à ces missions, qui servent la cause de l'influence française sans engager les ressources ou la responsabilité de l'Etat, les souscripteurs des premières expéditions ont formé un comité qui, sous le nom de *Comité de l'Afrique Française*, s'efforce, par tous les moyens en son pouvoir, de développer l'industrie et le commerce français dans l'Afrique de l'Ouest, du Centre et du Nord.

De telles initiatives paraissent de plus en plus nécessaires aujourd'hui où il s'agit d'acquérir dans l'Afrique centrale les droits du premier occupant et de développer ensuite notre commerce dans les régions placées sous l'influence française, comme le sont dès maintenant les pays compris dans la boucle du Niger.

Il va sans dire que le but du Comité, constitué dans une pensée purement patriotique, en dehors de tous les partis, est absolument désintéressé et étranger à toute préoccupation d'affaires.

La confiance des souscripteurs répondit à la netteté de cette déclaration. Grâce au **Bulletin** que le Comité publia dès sa fondation, grâce à la propagande active de ses membres, les encouragements et les dons affluèrent de toutes parts, et le Comité, qui, dès ses premières réunions, avait organisé la mission Dybowski pour appuyer l'héroïque Paul Crampel, exerça, dès ce moment, l'action la plus heureuse.

Aussi son œuvre est-elle intimement mêlée à l'histoire de la France en Afrique pendant ces dernières années. C'est au Comité et aux souscripteurs qui lui ont accordé leur confiance qu'est dû le grand mouvement d'opinion qui rendit, dès 1890, les entreprises africaines populaires en France. L'initiative privée, mise en œuvre par lui, obtint de précieux résultats.

La mort de Paul Crampel n'arrêta pas l'action du Comité, dont l'effort principal se portait alors sur la conquête de l'Afrique centrale. La mission Dybowski, puis la mission Maistre, laquelle, partie du Congo français, revint par la Bénoué et le Niger, conclurent sur leur passage des traités d'alliance et de commerce qui faisaient entrer dans une sphère d'action le sud du Baguirmi et nous donnaient accès au Chari, au lac Tchad, au Soudan central. En même temps, le Comité appuyait et subventionnait les voyages du lieutenant de vaisseau Mizon dans la Bénoué.

Ce sont les voyages de Mizon et de Maistre qui permirent d'obtenir les résultats que la convention franco-allemande de 1894 a consacrés, en empêchant l'Angleterre de s'emparer du bassin du Niger et de la Bénoué, sans tenir compte de nos droits et de la stipulation de l'Acte de Berlin. L'objectif auquel le Comité avait plus spécialement consacré ses efforts, *la réunion sur les rives du lac Tchad des possessions françaises du Soudan, de l'Algérie et du Congo français* qui, en 1890, semblait à presque tous une utopie, était atteint et le plan de Crampel était réalisé.

De 1894 à 1898, le Comité prêta son appui moral et son concours matériel aux principales missions (missions Decœur, Toutée, Hourst, Baud, Bretonnet, Cazemajou, etc.), qui achevèrent de conquérir la boucle du Niger et consacrèrent l'union de toutes nos possessions de l'Afrique Occidentale Française.

En 1899-1900, il accorda également des subventions aux trois missions qui opérèrent leur jonction sur les bords du lac Tchad et détruisirent la puissance de Rabah : Mission du Chari (Gentil), mission saharienne (Foureau-Lamy), mission de l'Afrique centrale (Joalland-Meynier).

Les autres missions envoyées dans les diverses parties de l'Afrique recevaient aussi le concours du Comité et les avantages qu'elles nous ont acquis, pour être moins éclatants, n'en sont pas moins réels.

En même temps que son œuvre s'exerçait en Afrique, le Comité organisait en France une propagande active en faveur de cette expansion de la France et, notamment, il signalait la nécessité de mettre en valeur les colonies acquises au prix de tant d'efforts, de tant d'argent et de tant de vies humaines. Cette action a été et est encore exercée par son **Bulletin**, organe mensuel, envoyé à tout souscripteur d'une somme quelconque. Cette publication est répandue dans le public à un nombre considérable d'exemplaires, et rédigée par les spécialistes les plus autorisés ; elle présente les questions africaines sous une forme attrayante, elle donne un tableau complet des expéditions et explorations, des travaux scientifiques relatifs à l'Afrique et traite des événements africains. Le Comité a trouvé une précieuse récompense des efforts qu'il accomplit dans la grande médaille d'or à l'effigie de Chaptal que lui a décernée en 1896 la Société d'encouragement pour l'industrie nationale et dans la médaille d'or qui lui a été décernée par le jury de l'Exposition universelle de 1900.

Le Comité est fier des témoignages de sympathie et d'intérêt qu'il a reçus. Mais son action doit encore s'exercer sous divers aspects et il veut prêter son appui à l'œuvre d'aujourd'hui et de demain : collaborer efficacement à l'établissement de l'influence de la France sur le Maroc ; régler les différentes questions en suspens au Niger, en Afrique occidentale, au Tchad ; suivre une politique d'expansion, de développement économique et de surveillance au Soudan, à la Côte d'Ivoire, au Dahomey, au sud de l'Algérie-Tunisie, au droit de notre colonie d'Obock, en Afrique centrale ; coloniser l'île de Madagascar ; administrer et mettre en valeur les nouveaux territoires placés sous notre domination.

Pour accomplir cette tâche considérable, le programme du Comité est double : organiser et subventionner des missions d'exploration et d'études en Afrique et tenir le public au courant des faits concernant l'Afrique, spécialement au point de vue de l'action des nations européennes colonisatrices.

Le Comité n'a d'autres ressources que les souscriptions de ses adhérents. Il demande à tous les Français de l'aider dans l'œuvre patriotique qu'il a entreprise avec tant de succès et pour laquelle il ne négligera aucun effort.

LE COMITÉ.